AF596153

ÉLOGE

DE

AUGUSTE REMY

Directeur de la *Chorale des Travailleurs du Livre*

DISCOURS PRONONCÉ A L'ASSEMBLÉE GÉNÉRALE DE LA SOCIÉTÉ

LE MARDI 21 MARS 1893

PAR *M. HENRI MARC*

Membre Fondateur

Secrétaire de la Chorale

DIJON

IMPRIMERIE DELCOURT ET Cie

7, Petite rue du Château, 7

—

1893

La première Réunion générale qui suivit la mort de M. Auguste REMY eut lieu dans le local ordinaire des répétitions, Tour de Bar, le Mardi 21 Mars 1893. Aussitôt la séance ouverte, le Président de l'Assemblée donna la parole à M. Henri Marc, secrétaire de la Société, qui prononça, au milieu d'un religieux silence, l'éloge du regretté Directeur de la Chorale.

*Les Membres présents ont salué par des applaudissements cet hommage rendu aux mérites et au désintéressement de M. REMY et plusieurs ont manifesté le désir de voir le discours de M. H. Marc imprimé. Le Président ayant mis aux voix la proposition de l'impression de l'*Éloge*, il fut décidé, à l'unanimité, qu'il serait tiré à 200 exemplaires pour les Membres actifs et honoraires de la Société, pour la Famille et les Amis du défunt.*

ÉLOGE

DE

AUGUSTE REMY

MESSIEURS,

Il nous est bien difficile de pénétrer dans cette salle de répétition sans songer à celui qui était l'âme de nos réunions, à cette figure qui commandait le respect et l'admiration, et représentait si bien la Société devant les différentes administrations locales et devant le public : nous aurons toujours présent à notre mémoire l'image de M. REMY. C'est pour lui que je vous demanderai, Messieurs, quelques instants d'attention, que vous ne pouvez me refuser, puisqu'il s'agit d'un hommage auquel notre cher mort à droit.

La *Chorale des Travailleurs du Livre* doit,

en effet, un dernier souvenir au savant modeste qui l'a dirigée depuis sa fondation avec tant de zèle et de désintéressement. Les jeunes Sociétaires qui m'écoutent, ne savent peut-être pas assez qu'elle part M. Auguste Remy prit à la fondation de la Chorale, qu'il plonge aujourd'hui dans un si grand deuil. A grands traits nous esquisserons ici, autant pour l'éloge du défunt que pour la dette de reconnaissance que la Chorale lui doit, la vie toute de dévouement et d'abnégation de ce Directeur enlevé trop tôt à notre affection, à celle de sa famille et de ses très nombreuses connaissances.

Né à Dijon, le 30 juin 1846, de Jean-Baptiste Remy, tonnelier et de Thérèse Nicolas, M. Jacques-Auguste Remy aimait sa ville natale et ne la quitta jamais. D'abord employé dans les bureaux de la Préfecture de la Côte-d'Or, il se livra ensuite avec ardeur à l'étude d'une science où sa passion le portait naturellement : c'était la musique. Ancien élève du père Pâris, il acquit dans cette partie des beaux-arts des connaissances qui lui valurent une place de professeur de chant au Conservatoire de Dijon; il fut chargé, bientôt après, des cours qu'il a professé jusqu'au dernier moment dans les écoles communales de Dijon. Le cercle de ses relations s'étendit aussi rapidement que sa réputation, successivement professeur de l'école normale d'instituteurs et d'institutrices, il se vit enfin nommé, il y a quelques années, professeur au Lycée.

Tels étaient les titres de cet artiste de talent quand, au commencement de l'année 1888, un certain nombre de jeunes gens de corporations diverses se rattachant à l'Imprimerie par des liens plus ou moins étroitement liés, conçurent le projet de fonder à Dijon une Société de chant sous le titre de : *Chorale des Travailleurs du Livre*. Mais cette grande famille des enfants de Gutenberg eurent des difficultés à surmonter pour mener à bien leur entreprise, et, la recherche d'une personne capable de diriger une association composée de jeunes hommes n'ayant que des données très sommaires de musique, était l'une des plus graves préoccupations du Comité d'organisation. C'est alors que l'on songea à frapper à la porte de

M. Auguste Remy, qui reçut les délégués de la future Chorale avec une bienveillance qui était l'un des côtés les plus saillants de son caractère, et, après avoir applaudi à l'idée de cette fondation, il accepta avec plaisir, je devrais même dire avec empressement et enthousiasme, la lourde charge de directeur, — et qui, plus est, avec un désintéressement dont il convient de le louer. — De ce jour, la *Chorale des Travailleurs du Livre* était fondée ! Chacun sait comment il se mit à l'œuvre et aussi comment, depuis cette époque, sans perdre une minute, il travaillait avec ardeur au bien-être de cette Société.

M. Emile-Jules Bulliard, à qui l'on donna le premier la présidence de la Chorale, m'écrivait d'Auxerre, à la date du 4 septembre 1891, une lettre dans laquelle les mérites du directeur de la Chorale sont relatés d'une façon claire et précise : « ... J'ai apporté, me dit-il, tout mon concours pour la réussite de la Chorale, mais combien d'autres camarades ont redoublé d'efforts pour arriver à la faire triompher des obstacles qu'elle pouvait rencontrer à cette époque : combien, hélas ! sont déjà disparus... » Puis, faisant allusion à quelques lignes que j'écrivais en août 1891, il poursuit : « ...Mais s'il est des éloges bien mérités, ce sont ceux adressés à M. Remy, c'est lui surtout qu'il conviendra toujours de reconnaître pour le véritable fondateur de la *Chorale des Travailleurs du Livre :* sans ses connaissances, sans sa bonne volonté, et surtout sans sa patience, je crois qu'il n'y aurait pas d'aussi beaux résultats à l'actif de la Chorale, car, en somme, vous allez de succès en succès, et il faut en attribuer la plus grosse part à M. Remy... »

Par un esprit de modestie facile à comprendre, M. BULLIARD s'efface devant la personnalité de M. REMY et lui reconnaît « le véritable titre de fondateur de la *Chorale des Travailleurs du Livre* ». Pour être juste, il convient d'associer les deux noms et de restituer à M. BULLIARD ses titres à l'honneur de la fondation de la Société, honneur qui lui a été confirmé, avant son départ pour Auxerre, dans une séance du Comité, où, sur la proposition de M. REMY, on lui a conféré le titre de *Président honoraire fondateur*.

Je ne dirai rien, Messieurs, des résultats obtenus sous l'habile direction du chef de la Chorale ; cette revue rétrospective ne ferait qu'augmenter nos regrets et ressentir plus cruellement encore la perte que nous éprouvons en le perdant d'aussi bonne heure. Il nous sera difficile de remplacer un tel maître ; il avait toutes les qualités : bon, serviable, obligeant, affable ; nul plus que lui n'était en droit de s'approprier ces deux vers :

> Vouloir paraître fort n'est pas ce que je vise ;
> Mais toujours être utile est bien là ma devise.

En effet, se rendre utile à tous, multiplier ses démarches pour l'organisation d'une fête de bienfaisance, par exemple, d'un Concert au profit d'une famille malheureuse ou des soldats blessés sur la terre étrangère ; enfin partout où la charité et le patriotisme réclament aide et assistance, partout, dis-je, on rencontrait M. Remy.

Cet admirateur passionné de Mozart et des vieux maîtres, qui inculquait à ses nombreux élèves les grandes traditions qui vulgarisent l'art du chant, était doublé d'un chercheur infatigable. Au lendemain de sa mort, une feuille locale, dans un court article nécrologique qu'elle lui consacrait, rapportait qu'il eut la bonne fortune de faire jouer, dans une soirée donnée par les élèves du Conservatoire, une idylle de Florian, dont la musique était de la reine Marie-Antoinette.

Hélas ! animé de tant de zèle et de dévouement, qui eut prévu une fin aussi brusque ? Qui eut pu dire que l'impitoyable mort viendrait si tôt le moissonner, lui qui ne comptait pas encore un demi-siècle d'existence. — Il y a, on l'a dit, quelque chose de plus fort que l'homme, c'est la maladie. M. Remy en fit la triste expérience ; malgré sa robuste constitution, il s'alitait une première fois le Samedi 11 février, et, après quelques jours de repos absolu, il entrait en convalescence, lorsqu'une imprudence l'obligeait à garder de nouveau la chambre. Mais si la maladie primitive n'avait donné à son entourage aucune inquiétude sérieuse, il n'en était pas de même de la rechute qui présentât, dès le début, des symptômes les plus alarmants. Cette fois, M. Auguste Remy ne devait pas s'en relever, et après des souffrances endurées avec résignation, il expirait au milieu de sa famille en pleurs, le mardi 14 mars, à 9 heures du soir.

Je m'arrête, Messieurs, car le développement de ce croquis au crayon demanderait un volume entier. Je n'ai voulu, et n'ai fait que rendre au directeur de la Chorale un témoignage public de reconnaissance et l'assurer, en terminant, que sa mémoire ne périra pas au sein de la Société où elle sera toujours en vénération.

APPENDICE

Le Comité de la Chorale a cru devoir reproduire ici les paroles d'adieu que M. LIMONIER, le sympathique Président de la Société, prononçait sur la tombe de M. REMY, qu'il comptait au nombre de ses meilleurs amis :

MESDAMES, MESSIEURS,

Notre ami Auguste Remy, professeur de musique et directeur de la Chorale des Travailleurs du Livre vient de s'éteindre dans sa 47e année.

Remy, un enfant de Dijon, d'abord employé à la préfecture de la Côte-d'Or, se mit à cultiver l'art musical et y acquit bientôt un réel talent, qui lui valut d'être nommé professeur au Conservatoire de Dijon.

Il résigna ses fonctions à la Préfecture, pour s'occuper exclusivement de musique. Professeur au Lycée et aux Écoles communales, lors de la fondation de la Chorale des Travailleurs du

Livre, le Syndicat typographique lui offrit la direction de cette nouvelle Société musicale qu'il amenât rapidement par son talent et un labeur soutenu à tenir un bon rang parmi nos Sociétés dijonnaises.

La mort de Remy est une perte profondément douloureuse pour sa famille d'abord, car il laisse une veuve et trois enfants jeunes encore, et pour l'art et le professorat.

La Chorale des Travailleurs du Livre perd en lui un Directeur dévoué en même temps qu'un ami sincère ; son souvenir restera à jamais gravé parmi nous.

Puissent sa veuve et ses enfants, atteints dans leur affection la plus chère, considérer les témoignages d'estime et de sympathie que les nombreux amis et élèves de Remy ont tenu à lui donner en l'accompagnant à sa dernière demeure comme une atténuation à leur profonde douleur.

Au nom de la Chorale des Travailleurs du Livre,

Adieu, Remy, adieu !

Imprimerie Delcourt et Cie, Dijon.

www.ingramcontent.com/pod-product-compliance
Lightning Source LLC
LaVergne TN
LVHW012026170826
845678LV00004BA/1655

* 9 7 8 2 3 2 9 6 3 8 7 0 6 *